À Maude

Qui contribuera sous peu à l'éducation de nos enfants, merci Maude!

TRUCS LECTURE

Julie

:)

Catalogage avant publication de Bibliothèque et Archives nationales du Québec et Bibliothèque et Archives Canada

Provencher, Julie, 1976-

Trucs lecture : pour transmettre aux petits et aux grands l'amour de la lecture

ISBN 978-2-89697-029-2

1. Enfants - Livres et lecture. 2. Adolescents - Livres et lecture. 3. Goût de la lecture. I. Titre.

Z1037.2.P76 2014 028.5'5 C2014-940533-2

Nous reconnaissons l'aide financière du gouvernement du Canada par l'entremise du Fonds du livre du Canada (FLC) pour nos activités d'édition.

Nous remercions la Société de développement des entreprises culturelles du Québec (SODEC) pour son appui à notre programme de publication.

Gouvernement du Québec – Programme de crédit d'impôt pour l'édition de livres – Gestion SODEC.

Crédit pour la photo de la page couverture : Simon Duhamel
Infographie de la couverture et mise en pages : Marjorie Patry
Correction d'épreuves : Anne-Marie Quesnel

Éditeur : Les Éditions CARD inc.
Complexe Lebourgneuf, bureau 125
825, boul. Lebourgneuf
Québec (Québec) G2J 0B9 CANADA
Tél. : (418) 845-4045 Téléc. : (418) 845-1933
Courriel : info@editions-card.com
Site Web : www.editions-card.com

ISBN : 978-2-89697-029-2

Dépôt légal : 1er trimestre 2014
Bibliothèque nationale du Québec
Bibliothèque nationale du Canada

Données de catalogage disponibles auprès de Bibliothèque et Archives nationales du Québec.

Imprimé au Canada

Julie Provencher

TRUCS LECTURE

Pour transmettre l'amour de la lecture
aux petits et aux grands

C•A•R•D

Table des matières

Préface

« Les trucs lecture de Julie offrent sous une forme simple des gestes concrets pour soutenir le rapport à la langue écrite des enfants. Plusieurs propositions regroupées dans ce livre sont fortement recommandées par les chercheurs qui étudient l'enseignement et l'apprentissage de la lecture. Même si c'est en tant que mère qu'elle a développé ce projet, elle a étudié minutieusement la lecture dans le cadre de sa maîtrise en éducation. Forte d'une créativité à toute épreuve, elle donne à ses lecteurs le goût de redevenir enfant et de l'avoir pour mère ! »

Isabelle Montésinos Gelet
Professeure à l'Université de Montréal

« La lecture fait autant partie de mes loisirs que de mon travail. Et ça me rend heureuse. Je souhaite pour mes enfants pouvoir leur transmettre l'amour de lire.

Quel plaisir de découvrir les trucs de Julie Provencher. Des trucs simples, rigolos, pleins d'astuces qui s'intègrent dans le quotidien très facilement.

Voici un petit recueil précieux à consulter pour se donner de " l'inspiration parentale ! "

Un livre à garder dans sa bibliothèque et à consulter. »

Brigitte Lafleur,
Comédienne et future maman

« Un outil parfait pour accompagner les tout-petits dans leur éveil à la lecture. Un livre qui propose des activités simples et amusantes où transpire le plaisir. Quoi de mieux que d'apprendre avec le sourire ! » Catherine Charron Éducatrice en centre de la petite enfance (Groupe des 4-5 ans)	« Petit livre de référence teinté d'humour et d'anecdotes pour encourager la lecture chez nos petits et nos grands enfants. Des trucs lecture faciles à intégrer à la vraie vie de famille. Un *must* pour le parent d'aujourd'hui ! » Annie Campeau, Maman Designer d'intérieur

Remerciements

◆◆◆

Trucs lecture est le répertoire des trucs expérimentés avec mes enfants ou mes élèves. Je remercie spécialement mes deux garçons, Maxime et Antoine, de m'inspirer au quotidien. Grâce à eux, je dois m'adapter, réfléchir et innover pour rendre l'apprentissage de la lecture un moment de plaisir. Je remercie aussi mon mari, Martin, qui complète si bien notre vie et l'éducation de nos petits.

Merci à ma directrice de recherche, Isabelle Montésinos Gelet, pour vos conseils et votre accompagnement. Étudier à vos côtés, m'a permis d'approfondir ma compréhension de l'éveil et l'apprentissage de la lecture. Vous m'avez donné des lunettes qui me permettent de voir les grandes théories de l'apprentissage dans les mini actions du quotidien, merci !

Merci aussi à Nadine Paquin et à la maison d'édition C•A•R•D qui ont cru à mon rêve d'écrire un livre pour les adultes qui accompagnent les enfants (de leur enfance à l'adolescence) en lecture. Travailler avec vous est un pur bonheur !

Merci également à mes lectrices (Pierrette Morissette, Suzanne Belzil, Annie Campeau, Catherine Charron, Brigitte Lafleur) qui ont commenté, analysé et fait des suggestions pour bonifier ce livre. Je veux également mentionner que ma mère et mon père l'ont lu aussi (Linda et Denis Provencher). Merci, chers parents, d'être mes plus grands fans !

Un grand merci aux abonnés de ma communauté Twitter @Pouvoirdelire qui partagent, commentent et échangent sur l'éveil et l'apprentissage de la lecture. De jour en jour, notre communauté s'agrandit !

Finalement, je voudrais remercier les gens qui me font confiance dans la vie de tous les jours, qui me permettent de travailler au sein de leurs équipes, d'offrir des conférences, des ateliers, de publier dans leurs magazines ou sur leurs blogues. Je crois à l'importance de démystifier l'éveil et l'apprentissage de la lecture pour que chaque adulte puisse être le héros d'un enfant ! Merci !

Julie Provencher

Introduction

Je me suis toujours demandé pourquoi certains enfants arrivent à l'école si outillés en lecture? Est-ce parce que leurs parents leur lisent des histoires au quotidien? Vont-ils plus souvent à la bibliothèque ou ont-ils une éducatrice ou un enseignant qui les font rêver avec des histoires incroyables?

Maman de deux magnifiques petits garçons, j'étais très préoccupée par l'avenir scolaire de mes enfants. J'avais l'impression qu'ils partaient avec un léger retard seulement parce qu'ils sont des garçons... Heureusement, je savais que **les enfants qui aiment lire réussissent mieux** aux examens (OCDE, 2009).

Je me suis questionnée sur mon approche en lecture. Comment éveiller mes enfants à la lecture, les motiver et surtout, leur transmettre cet amour de lire? Comment créer un moment magique, un lien affectif entre mes enfants et les livres? Comment favoriser leur réussite scolaire? Ma formation d'enseignante, mon expérience de maman et mes études de maîtrise ont confirmé mes croyances à propos de nous, les parents, et de notre accompagnement en lecture. Ma conclusion : ce sont les petites actions au quotidien qui font les grands apprentissages de demain! Ce livre regroupe ma collection de trucs lecture pour tous les âges. Pour chacun des cha-

Ce sont les petites actions au quotidien qui font les grands apprentissages de demain...

pitres, vous y trouverez des trucs pour le bambin qui ne sait pas encore lire seul ou l'enfant qui apprend à lire de façon autonome. Vous y trouverez des trucs approuvés par mes enfants, mes élèves, mon mari, l'éducatrice de mes enfants et notre bibliothécaire.

Je désire partager avec vous, parent, éducateur, bibliothécaire ou enseignant, des trucs de lecture simples et originaux qui agrémenteront votre quotidien afin d'offrir le « Pouvoir de lire » à un enfant! N'est-ce pas le plus beau des cadeaux?! À vous d'inspirer et d'émerveiller vos enfants le temps d'une histoire.

Bonne lecture!

Julie Provencher

Trucs pour créer une ambiance et un attachement à la lecture

Quelle impression votre enfant a-t-il lorsqu'il lit à vos côtés? Est-ce agréable, comique, dynamique, relaxant ou plutôt rigide et ennuyant? Transmettre l'amour de lire, ça commence par notre attitude et notre sourire.

Bien avant son entrée à l'école, l'enfant développe un lien affectif avec la lecture. Il aime être assis confortablement dans son lit, être collé sur ses parents, rire parce que papa ajoute une chanson improvisée à la fin de l'histoire. Les sentiments qui l'habitent lors de la lecture s'imprègnent en lui. Il associe alors la lecture à un moment agréable et il veut reproduire ces moments. J'ai toujours pensé que nous, les parents, avons un grand pouvoir sur cette ambiance. Voici mes trucs pour créer ce lien affectif entre la lecture et votre enfant :

« Toutes les grandes personnes ont d'abord été des enfants, mais peu d'entre elles s'en souviennent. »

Saint-Exupéry

Créez un événement, soyez dynamique et parlez de la lecture ou de la bibliothèque comme des activités à ne pas manquer! Les enfants sont sensibles au ton que nous utilisons pour parler des événements à venir. De plus, je décris toujours mes moments-lecture positivement à mes enfants, par exemple : «J'ai hâte de lire... Enfin, je peux relaxer en lisant... »

Cachez un livre et dites « Si tu le trouves, je te le lis! » un moment coquin qui stimule la curiosité et le désir envers la lecture.

❀

« Une personne heureuse n'est pas une personne dans un certain ensemble de circonstances, mais plutôt une personne avec un certain ensemble d'attitudes. »

Hugh Downs

❀

La nourriture est souvent associée à des moments heureux, alors **offrez à votre enfant un moment lecture et chocolat chaud**! #AmbianceLecture[1]

Tamisez les lumières ou lisez à la chandelle avec votre enfant.

Vous faites du vélo en famille? **Apportez un livre** et lorsque les enfants sont fatigués, ils doivent trouver une place pour lire l'histoire! Vous pouvez reproduire ce même scénario lorsque vous faites une promenade avec votre enfant « Trouvons un endroit spécial pour lire ».

Partagez les livres de votre enfance avec votre enfant. Racontez-lui vos moments-lecture du temps où vous étiez petit. Mes mousses adorent découvrir mes « vieux » livres.

Une image vaut mille mots? Pourquoi ne pas **créer un signet pour le livre de votre enfant**? Rien de plus simple, vous imprimez une photo de famille et la plastifiez.

Vous allez à la bibliothèque? **Demandez à votre enfant de choisir un livre pour papa**, petit frère ou maman!

Mot d'enfant

« J'ai choisi ce livre-là à la biblio parce que je sais que papa va aimer ça. »
#PapaATouteUneInfluence

Lisez un livre à votre enfant coiffé d'un chapeau spécial ou de lunettes un peu fofolles. À Noël, sortez le chapeau de lutin, à l'Halloween, le chapeau de sorcière et à la St-Valentin, un chapeau en cœur!

Vos enfants sont énervés? Encouragez-les à aller jouer dehors et ensuite... **lisez-leur une histoire**... #ChangerAmbiance

1. Tour au long de votre lecture, l'auteure utilise # afin de mettre en évidence certains commentaires ou idées (Langage de communication inspiré de Twitter).

Faites lire le livre par toutou (en changeant votre voix) et si c'est un canard ajoutez « Coin, coin! » après chaque phrase! Des moments de folies qui restent gravés en mémoire de votre tout-petit.

J'ai déjà dit à mes enfants : « Le livre que je vais vous lire est TELLEMENT bon... Allez chercher vos toutous!»

Discutez avec les amis de vos enfants à propos de ce qu'ils aiment lire. Il est fascinant de constater comment les amis influencent les goûts lecture…

Votre enfant arrive avec de la lecture à faire pour l'école? Dites-lui simplement: « **Trouvons un endroit confortable pour lire**. » Diversifiez les endroits. Vous pouvez aussi garder une couverture près de la porte et lorsqu'il fait beau, invitez-le à lire dehors. Quel magnifique coin lecture!

Avez-vous déjà encouragé votre enfant à faire sa lecture ou ses devoirs sur une table à pique-nique?

Encouragez votre enfant à écrire des courriels aux gens qu'ils aiment. En plus de bâtir une belle relation avec un être cher, votre enfant sera très motivé à recevoir des courriels destinés spécialement pour lui.

Analysez votre attitude et réfléchissez à l'ambiance lors de vos moments-lecture avec les enfants. Pouvez-vous améliorer la situation? Une recette facile : ajoutez un peu de folie, des câlins et un sourire! Inspirez-vous de ces trucs pour créer une ambiance et bâtir le lien affectif entre le livre et votre enfant!

Trucs pour de la lecture partout !

◆◆◆

❀

Votre enfant a une bibliothèque dans sa chambre ? Il a donc une fenêtre sur le monde…

❀

« Maman, as-tu vu mon livre? » N'est-ce pas une phrase mélodieuse à entendre de la bouche de nos enfants ? Mais comment peut-on arriver à leur faire découvrir et aimer la lecture ? Bien sûr, nous pouvons laisser trainer un livre sur la table du salon et parler des écrits de notre environnement, ce qui expose un enfant à la lecture. Nous avons un grand pouvoir sur ce que nous rendons accessible à notre enfant. Notre quotidien est souvent parsemé de petites actions qui semblent anodines à première vue, mais elles sont essentielles au développement en lecture de notre tout-petit. Pendant ce temps, inconsciemment, notre enfant acquiert des connaissances, des stratégies et des attitudes qui lui serviront toute la vie. Au fil des années, j'ai essayé d'intégrer des petits moments-lecture dans notre quotidien. Que ce soit à la maison, avec la complicité de l'éducatrice, ou à l'école. Je les partage avec vous.

Les livres ont-ils une place de choix? Sont-ils accessibles et bien à la vue des enfants? Pour créer le désir autour de la lecture, il est important que les livres soient mis en valeur, qu'ils soient attrayants et accessibles pour votre enfant à tous les moments.

Votre enfant n'aime pas lire? Commencez par la meilleure des histoires... La sienne! **Sortez son album photo** et commentez-la ensemble! Vous pouvez aussi créer des livres photo sur différents sujets. Imaginez la joie et l'intérêt de votre enfant lorsque vous lui raconterez ses aventures à lui, que vous lui présenterez sa famille, tout ça dans son album photo !

Vous allaitez et avez un autre enfant de deux, trois ou quatre ans ? **Pendant l'allaitement, sortez un panier lecture** pour votre plus vieux. Quelques livres à l'intérieur spécialement choisis pour lui ! Allaitez et encouragez-le à feuilleter ses livres avec vous ! #ChaqueMomentCompte

Pas là ce soir pour mettre au lit les enfants ? **Déposez un petit mot, un dessin** sur leur oreiller. Une lecture motivée !

Placez intentionnellement un livre sur le lit de votre enfant pour l'inciter à lire. Soyez stratégique ! N'hésitez pas à créer des occasions. Parfois, le simple fait de laisser un livre dans l'entrée encourage votre enfant à l'apporter à l'école. Sortez certains albums jeunesse sur la table à pique-nique ou apportez des livres au parc ! N'hésitez pas à diversifier les endroits.

Préparez un sac rempli des livres préférés de votre enfant. Pratique pour les moments auto, dodo, etc. De plus, profitez des transports en commun pour lire à votre enfant et discuter avec lui.

Vous planifiez une sortie en poussette avec bébé ?! Pourquoi ne pas **apporter un livre pour lui** ? Un arrêt au parc et maman sort son livre aussi !

Mon fils ne voulait pas d'histoire hier. Je lui ai répondu: « Tu peux aller te coucher tout de suite alors ! » Bizarre, il a changé d'idée...

Attention!!

Absorbé par votre téléphone intelligent? Vous parlez moins à votre enfant? Son langage et sa compréhension du monde se développent à votre contact...

Communiquer, c'est aussi parler à bébé...

Vous allez faire des feux de camp cet été? **Apportez un recueil de chansons**. Mes enfants adorent! #LectureDéguisée

Vous recherchez un service de garde pour votre poupon? Voici une question importante à poser: **lisez-vous des histoires aux enfants tous les jours?**

Échangez des livres entre voisins, entre cousins. Quelques semaines de lectures diversifiées et gratuites avec vos enfants! Vous pouvez aussi vous procurer des livres à bon marché sur les sites d'annonces en ligne (Kijiji et Lespac).

Offrez à votre enfant quelques dollars afin qu'il trouve un magnifique livre dans une vente-débarras, une librairie usagée ou pour participer à la vente de livres à l'école. Votre enfant sera très heureux de trouver « le » livre qui lui appartiendra. #SortieAppréciée

Votre enfant se dit trop grand pour lire avec vous? Dites-lui : « D'accord... je vais te lire le journal! » Lire à son enfant développe son vocabulaire et sa connaissance du monde. **Présentez-lui des textes plus difficiles** (articles de journaux, revues, roman) qu'il ne pourrait lire seul et lisez-les ensemble.

La bibliothèque (municipale ou scolaire) partenaire des familles

Vous rêvez d'offrir à votre enfant des milliers de livres, car la lecture est le plus beau des cadeaux? Inscrivez-le à la bibliothèque! Amenez vos enfants à la bibliothèque et laissez-les fouiller et découvrir de nouveaux livres. De plus, saviez-vous que lorsque vous êtes abonnés à votre bibliothèque municipale, vous avez accès à tous les abonnements de revues pour adulte et enfant en ligne gratuitement? Informez-vous.

Les bibliothèques municipales regorgent de livres CD ou même de livres en ligne gratuits à écouter. Mes enfants adorent. En français, en anglais et même en plusieurs autres langues. Vous voulez surprendre votre enfant? Empruntez les livres GÉANTS de la bibliothèque! Des albums jeunesse magnifiquement illustrés qui, par leur grandeur, ne laissent aucun enfant indifférent!

Vous prenez des résolutions chaque année? En voici une à ajouter: **trouvez du temps dans votre horaire pour amener les enfants à la bibliothèque** et lorsque vous ramenez les livres à la maison, **gardez toujours le même endroit pour les ranger**. Enfin, vous ne les chercherez plus!

Votre enfant arrive avec un livre de la bibliothèque scolaire? Valorisez son choix. Discutez de ses goûts. Je me souviens d'avoir « suggéré » à mes enfants de ne pas prendre des livres effrayants pour l'Halloween, car j'aurais trop peur de les lire... Bizarre, ce fut le festival des livres d'horreur (fantôme, araignée, etc.) pendant tout le mois d'octobre. Mes enfants ont adoré ces lectures et maman a participé avec enthousiasme! Bouh!

Il n'y a pas que les livres...

Notre environnement fourmille d'objets-lecture, il suffit d'en prendre avantage ! Voici quelques trucs.

Utilisez internet avec votre enfant pour faire des recherches. Je donne à mes enfants une intention de recherche pour développer leur autonomie sur le web : vérifier la météo, choisir une activité à faire, s'informer sur leur animal préféré, chercher le prix d'un article ou consulter le menu d'un restaurant.

Vous utilisez Facebook pour partager des photos et des messages à propos de votre famille ? **Encouragez vos enfants à lire les messages** et à lire les réactions des gens. #LectureMotivée

Affichez un calendrier dans la chambre de votre enfant. Chaque soir, vous pouvez lire les jours de la semaine, compter les dodos, revoir les chiffres, compter par 2. Utilisez le calendrier familial pour « faire lire » votre enfant. « Quand joues-tu au soccer ? Quel jour grand-maman viendra-t-elle nous visiter ? »

C'est la journée des publisacs ? Encouragez votre enfant à choisir et à encercler certains aliments pour l'épicerie. **Vous pouvez aussi lui remettre une liste d'épicerie** pour qu'il vous aide au supermarché « Regarde sur ta liste, tu as trois aliments à trouver. »

Votre enfant a une boîte à lunch ? **Écrivez-lui un petit mot d'amour** sur sa banane ou sur sa serviette de table ! Si vous partez tôt et aimez lui souhaiter bonne journée, pourquoi ne pas vous procurer un cahier pour consigner vos mots d'amour chaque jour ? À son réveil, votre enfant pourra « lire » vos messages de la journée. Vous allez faire un tour à l'école de votre enfant ? Laissez-lui un petit mot, par hasard, dans son pupitre…

Jouez à des jeux de société avec votre enfant ! Un moment idéal pour découvrir l'importance de savoir lire. #LectureCamouflée

Affichez un tableau blanc effaçable et un marqueur sur la porte de chambre de votre enfant. Vous pouvez ainsi lui écrire de petits mots sur sa porte. Il pourra aussi vous répondre !

Prenez-vous le temps de « lire » le thermomètre, l'horloge avec votre enfant ? Comprendre des graphiques, des cartes ou même le globe terrestre, c'est aussi de la lecture ! Je me rappelle encore de mon fils qui me demandait : « Les dinosaures, c'est dans le temps des châteaux ? Est-ce que la coupe Stanley existait dans le temps de Jésus ? » Pour clarifier ces concepts, je lui ai fait une ligne du temps dans sa chambre ! Cette lecture plus graphique l'aide à mieux comprendre. Vous savez, un jour, à l'école, il devra comprendre des lectures parsemées de notions et de graphiques mathématiques. Familiarisez-le maintenant, au quotidien.

Créez avec lui un carnet alphabétique avec les numéros de téléphone des gens qu'il aime et demandez à votre enfant d'appeler grand-maman ou grande cousine. Sans s'en apercevoir, il apprend à « lire » les chiffres.

Au déjeuner, la simple question « Je me demande combien de grammes de sucre il y a dans ces céréales ? » peut, par hasard, faire lire votre enfant ! **On peut aussi faire remarquer à nos enfants les sigles et les mots sur les différentes boîtes**. #LireDesLogos

Vous voyagerez avec votre enfant en fin de semaine ? **Faites-lui lire les pancartes** sur le bord des autoroutes ! Impliquez-le dans le voyage en disant : « Si tu vois la pancarte de St-Pascal, peux-tu nous le dire ? » Utilisez

Mot d'enfant

Mon fils de 7 ans : J'aimerais ça prendre des notes.

Moi: Je vais t'acheter une tablette.

Mon fils: Une tablette IPAD ? !!

Moi: Non, une tablette papier !

❀

« Si vous n'aimez pas lire, c'est que vous n'avez pas trouvé le bon livre. »

J. K. Rowling

❀

ces petites occasions pour faire lire vos enfants. Chaque moment compte.

Trucs pour diversifier les lectures

Mes enfants me demandent souvent de lire et relire les mêmes livres, ce qui est bien, car au contact de ces lectures, ils développent leur vocabulaire et leur compréhension. Cependant, j'aime aussi leur faire diversifier leurs choix. Plus votre enfant sera en contact avec la diversité, plus il découvrira ses goûts en lecture. Voici quelques trucs dans ce sens.

Aucun enfant n'aura le même futur, alors pourquoi les mêmes lectures...?!

Vos sujets de conversation sont souvent les mêmes avec votre enfant? **Utilisez des livres qui abordent des sujets variés qui vont au-delà du quotidien** (ex. : pyramides, espace, châteaux, animaux). En plus d'apprendre sur un sujet, il pourra réinvestir ses lectures dans ses discussions.

Moi, je lis pour apprendre et vous? **Découvrez les intentions de lecture de votre enfant!** (lire pour le plaisir, pour rire, pour relaxer, pour jouer, pour comprendre, etc.) Une fois que l'on connaît pourquoi notre enfant lit, il est plus facile de l'accompagner et de lui faire des suggestions.

Demandez à votre enfant de vous nommer quatre auteurs qu'il aime. S'il ne peut pas, proposez-lui d'en découvrir quatre nouveaux!

Votre enfant ne trouve pas de livres assez intéressants? **Cherchez plutôt ensemble un sujet qui l'intéresse**... sous forme de livre! Partir de ses goûts et de ses intérêts est une belle façon de faire entrer la lecture dans sa vie. #SeConnaîtreCommeLecteur

Si vous vous ennuyez à lire, changez de livre! (sauf pour celui-ci!)

Des questions déguisées

Pour réussir à connaître les goûts en lecture de notre enfant :

- Quel livre veux-tu apporter chez grand-maman ?
- Quel livre apporterais-tu sur une île déserte et pourquoi ?
- Qu'aimerais-tu apprendre ?
- Quel pays aimerais-tu visiter ?
- Qui est ton auteur préféré ?
- Qu'est-ce que tes amis aiment lire ?

« Dis-moi ce que tu lis, je te dirai qui tu es. »

Charles Régismanset

Quel plaisir de lire des contes et des histoires à nos enfants! « Il était une fois » marque notre jeunesse, mais saviez-vous qu'il existe aussi d'autres genres de lecture?

Dans la vie de tous les jours, nous lisons beaucoup plus de textes informatifs que d'histoires... Et vous, que lisez-vous à votre enfant?

Avez-vous déjà lu...

- Un **abécédaire**? Chaque page d'un abécédaire exploite une lettre de l'alphabet. Votre enfant découvrira que les mots sont construits de lettres et de leurs sons. Une façon ludique d'apprendre les lettres et leurs sons.

- Des **biographies** à propos de personnes inspirantes? Petits et grands, nous aimons être inspirés par des gens exceptionnels, des événements marquants de notre histoire. Quel bonheur de discuter avec nos enfants de courage, de persévérance, d'amour et de justice ! Les biographies sont une belle façon de découvrir qui nous sommes, qui nous voulons devenir... Lire des biographies à nos enfants, c'est leur expliquer la grandeur humaine.

- Des **livres d'information** sur des thèmes variés? Pour les enfants curieux et surtout pour développer leur compréhension du monde, lisez des documentaires à vos enfants! Sortez du quotidien et choisissez des thèmes surprenants qui les feront réfléchir. Discussions assurées!

- Des **livres d'expériences ou de bricolage**? Lire pour apprendre à construire, à créer, à inventer. Des lectures inspirantes qui motivent l'enfant à inventer.

- Des **recueils de chansons ou de comptines** ? Oubliez l'histoire et chantez ! Transmettez à votre enfant les classiques de la chanson francophone. En plus de bâtir sa culture, vous lui enseignez du nouveau vocabulaire et vous développez son oreille aux sons, au rythme et aux rimes !
- Des **livres de devinettes** ? Le livre idéal lorsqu'on voyage en auto ou qu'on utilise les transports en commun. Amusez-vous à comprendre de courts textes et faites deviner les réponses.
- Des **livres qui jouent avec les mots** ? Tous les enfants aiment les livres qui riment, qui font de drôles de jeux de mots. Ces livres sensibilisent votre enfant à la langue française et à ses sonorités. Amusez-vous à les découvrir !
- Des **bandes dessinées** ? Oui, il s'agit d'un excellent choix de lecture et cela, pour tous les âges. Encouragez votre enfant à découvrir de nouvelles BD, de nouveaux auteurs. Initiez-le à cette littérature si dynamique !

Plus vous diversifiez les lectures, plus votre enfant aura différents modèles de textes en tête. Un jour, son enseignant lui demandera d'écrire une publicité, une lettre ou un conte de Noël... Si votre enfant a été exposé à cette diversité, il pourra s'y référer. « Ah, oui ! J'ai déjà lu des devinettes ! »

Trucs pour diversifier les lecteurs

Même si mes enfants adorent lire avec moi, ils aiment aussi particulièrement lire avec leur père, avec leur grand-mère et même avec leur gardienne. Votre enfant a un réseau qui gravite autour de lui. Pourquoi ne pas en profiter et déléguer certains moments lecture à d'autres ? Voici quelques trucs.

Vous arrive-t-il parfois de nommer à votre enfant, les gens de votre entourage qui aiment lire? Plusieurs personnes sont de grands lecteurs et pourtant, chacun a ses goûts. Faites-lui découvrir les lecteurs de sa communauté. Il s'agit parfois d'un ami, d'un grand-parent ou simplement de la petite voisine.

Votre enfant peut-il apporter ses livres préférés à la garderie ou à l'école? J'envoie parfois les livres préférés de mes enfants au service de garde ou à l'école. Ils sont très fiers de partager leurs lectures avec leur éducatrice, leur enseignant et leurs amis.

Encouragez votre aîné à lire des histoires à votre plus jeune. Faites-en un projet de famille!

Ce soir, c'est papa qui lit l'histoire. Cette relation privilégiée a un effet sur la réussite scolaire. #ModèleMasculin

Jouez à pile ou face et la personne qui gagne lit le livre!

Vous avez de la visite en fin de semaine? **Donnez-leur le mandat de lire une histoire à votre enfant**! #DifférentsModèlesLecteurs

Demandez à votre gardienne de faire la lecture d'un livre avant le dodo. Intégrez à l'horaire de gardiennage cette étape importante de la journée.

Encouragez les cousins, cousines à communiquer par courriel, c'est aussi de la lecture et de l'écriture.

Organisez un concours pour vos enfants cet été... Combien de personnes différentes peuvent leur lire une histoire?! (voisin, grand-papa, amie, gardienne, etc.)

Lisez-vous autant à votre fils qu'à votre fille? L'exposition à la lecture favorise la réussite scolaire.

Trucs lecture pendant les repas

Les repas… trois fois par jour, cinq jours par semaine. Des moments privilégiés qui peuvent aussi favoriser des moments lecture. Voici quelques idées à intégrer à votre quotidien :

Vos enfants prennent du temps à manger aux repas? **Pourquoi ne pas en profiter parfois pour leur lire une histoire**? Profitez de chaque moment.

Si vos enfants sont comme les miens, une question revient sans cesse : « Maman, qu'est-ce qu'on mange? » **Encouragez-les à trouver une recette** et à vérifier les ingrédients.

Procurez-vous des napperons de table avec des lettres dessus (ou construisez-en avec votre enfant). Profitez des repas en famille pour parler des lettres. « Quelles sont les lettres de ton nom? Dans le mot "papa", on retrouve quelles lettres, tu crois? ».

Parlez de VOS lectures à votre enfant pendant les repas (celles du travail, celles liées à vos loisirs, etc.). Vos discussions seront diversifiées et votre enfant sera sensibilisé à l'importance de savoir lire.

Vous commandez du resto ce soir? Dites simplement à votre enfant : « Tu me lirais le menu? On va commander. » Vous pouvez aussi lui **expliquer l'importance des titres et des sous-titres** dans un menu, cela facilitera sa lecture. #ComprendreLaStructureDUnTexte

J'ai dit à mes enfants que j'ai mis de l'amour dans leur soupe. Mon truc, j'ai ajouté des nouilles en forme de lettres A-M-O-U-R!

❀

Lire, c'est boire et manger ; l'esprit qui ne lit pas maigrit comme le corps qui ne mange pas.

Victor Hugo

❀

Lire,
c'est voyager;
voyager,
c'est lire.

Victor Hugo

Trucs lecture pendant les vacances

Enfin, les vacances! Pour nous les parents, mais aussi pour nos enfants. Voici mes trucs lecture de camouflage… (Oui, car la lecture est déguisée à travers d'autres activités!)

Pas assez d'argent pour amener votre enfant visiter un autre pays? Dites-lui que ce soir, vous lui **offrez le voyage… dans un livre**!

Lorsque les vacances arrivent, j'organise toujours **une sortie « spéciale » à la bibliothèque avec mes enfants pour choisir leurs livres de vacances**! Je sors alors une magnifique boîte vide pour y déposer nos lectures de vacances, qui seront à la vue de tous. #CréerUnÉvénement

Les vacances s'en viennent? **Parlez à vos enfants de vos choix de lectures de vacances AVANT les vacances** (revues, livres). Ils vous observent et ils découvriront votre intérêt pour la lecture. #VousÊtesUnModèle

Aider un enfant en lecture, ce n'est pas une question d'argent, mais plutôt de petits moments!

En visite pour plusieurs jours...Vous cherchez à occuper vos enfants? **Pourquoi ne pas visiter une « nouvelle bibliothèque »**?

Votre enfant vous demande : « Qu'est-ce qu'on fait aux vacances? » **Répondez: « Propose-moi quelque chose et trouve les informations**, on en discute ensuite! »

Avez-vous une boîte de vacances? Notre famille y dépose des idées d'activités pour préparer les vacances d'été ou de Noël ! Les enfants lisent et partagent des dépliants, des menus, des informations trouvées sur le web. Faire participer la famille à la planification, c'est de la lecture et des discussions animées !

J'ai déjà lu à mes enfants des dépliants d'information sur notre destination-vacances avant de les coucher.

Lire des informations sur la prochaine destination-vacances sur un iPad avec votre enfant, c'est aussi de la lecture !

Vos enfants aimeraient aller à un nouvel endroit? **Faites-leur utiliser *Google map* pour planifier l'itinéraire** !

Vous prévoyez voyager? **Imprimez l'itinéraire et remettez-le aux enfants**. Ils devront « lire » la carte !

Où lira votre enfant pendant les vacances? Collé sur maman, sur papa? Au salon, sur le balcon, dehors, dans le lit, à la bibliothèque, chez grand-maman... **Profitez des vacances pour diversifier les endroits**.

Apportez-vous des livres pour votre enfant lors de vos déplacements en voiture ou en transport en commun ? #CréerDesMomentsLecture

Pendant la relâche, **pourquoi ne pas « apprendre » quelque chose à vos enfants par le biais d'un livre**?

Profitez des vacances pour valoriser les forces de vos enfants... Ils ont toute la prochaine année pour s'améliorer!

Sortie en famille bientôt? **Organisez le « kit » de survie**! Apportez quelques livres, des feuilles et des crayons pour occuper vos enfants.

En auto avec les enfants? Chantez des chansons et **laissez-les lire les paroles**! Vous pouvez aussi écouter des livres CD: plusieurs livres jeunesse sont disponibles. Bien sûr, la fameuse tablette électronique peut vous servir de liseuse.

Le lutin du père Noël déposera-t-il de petits mots sous l'oreiller de votre enfant ou des devinettes dans le sapin? Une belle façon de rendre le mois de décembre magique! #MagieDeNoël

Le père Noël laissera-t-il une lettre à votre enfant avec les cadeaux, cette année? Une façon amusante d'intégrer la lecture à un moment magique! De plus, pourquoi ne pas transformer votre enfant en père Noël? À lui de lire les cartes sur les cadeaux et de les distribuer à chacun.

Un hôtel qui a une bibliothèque dans son lobby, c'est vraiment bien pensé! Les enfants sont occupés pendant que les parents s'enregistrent à l'hôtel.

Des idées cadeaux-lecture

La lecture est un cadeau extraordinaire: elle permet de voyager, de relaxer, de rire, de tomber amoureux, d'apprendre et bien plus encore. Un cadeau simple et efficace : offrez des livres, des revues ou un abonnement à un magazine.

Dédicacez les livres que vous offrez. Un petit mot gentil à l'intérieur de la couverture fait toujours chaud au cœur.

Tous les enfants adorent les desserts, alors pourquoi ne pas leur **offrir un livre de recettes** de desserts pour leur fête ? Mmm...! #FilsGourmand #MamanAussi

Idée cadeau pour la classe ou le service de garde de votre enfant ? **Un chèque-cadeau** pour une librairie !

C'est la fête d'un ami, d'une cousine ? **Faites participer vos enfants aux choix du livre que vous offrirez**.

Shower de bébé à planifier ? **Tout le monde apporte un livre pour le futur bébé** !

Party de famille ? **Tout le monde** échange **un livre neuf ou usagé**. En plus de faire la promotion de la lecture, certains livres peuvent susciter de belles discussions.

Offrez à votre enfant un cadeau lorsqu'il saura lire. Pour ma part, depuis que mes enfants sont des bambins, je leur ai dit : « Je t'achèterai un DS lorsque tu sauras lire, car tu dois pouvoir lire les consignes des jeux vidéo ». Quelle fierté, lorsqu'ils démontrent à grand-papa et grand-maman leurs habiletés en lecture et qu'ils reçoivent leur DS ! **Soulignez cette étape importante**.

Encouragez votre enfant à offrir une lecture en cadeau à maman, à papa ou à petite cousine ! Il pourra s'exercer à lire un livre à quelques reprises pour améliorer sa fluidité, son intonation. Ensuite, votre enfant le lit à un être cher. Un beau cadeau qui se transforme en bonne action ! Vous pouvez aussi créer un livre avec votre enfant et l'offrir à quelqu'un.

Pour le temps des fêtes, avec le lait et les biscuits pour le père Noël, dites à vos enfants de lui laisser un livre aussi pour la pause ! #ValoriserLaLecture

Mot d'enfant

« Ça se peut que ce soit des livres... » (en regardant un cadeau emballé) « Le père Noël aime ça aussi la lecture... » #AvoirDesModèles

Quelques minutes plus tard, (en brassant un cadeau emballé sous le sapin) : « Je pense que c'est soit un gros livre, soit des blocs Lego qui ne font pas de bruit! »

Des thèmes-lecture au quotidien

Notre vie de famille est remplie de thèmes. On parle des animaux, on vit des changements de saisons, on fait du sport et bien plus encore... Voici des trucs lecture pour agrémenter nos thématiques!

Choisir des livres à propos des saisons et les lire à votre enfant, c'est magique! Profitez-en ensuite pour explorer et découvrir son environnement en observant de « vrais » fleurs, plantes ou jardins. Marchez avec lui en forêt ou dans un parc et **discutez de vos lectures**!

Votre enfant a une idole? Encouragez-le à lire à propos de cette personne! **Trouvez ensemble des articles, des livres ou un site internet**.

Votre enfant veut VRAIMENT faire un sport en particulier? **Faites-lui lire sur ce sport**, trouver des images sur ce sport. Par cette recherche d'informations, vous développez la curiosité de votre enfant.

Fiston adore les animaux? **Commencez la lecture d'un livre informatif** et ensuite, montrez-lui des vidéos de vrais animaux sur YouTube, c'est gagnant!

Vous allez acheter un animal de compagnie? **Encouragez votre enfant à lire sur l'animal en question AVANT de l'acheter**.

> **« Un livre qu'on quitte sans en avoir extrait quelque chose est un livre qu'on n'a pas lu. »**
>
> **Antoine Albalat**

La saison des bibittes est là? **Proposez à votre enfant de lire des livres sur les insectes**, mais avec une loupe!

Lisez des livres de châteaux et du Moyen Âge à votre enfant AVANT une tempête de neige. Une lecture réinvestie à tout coup! À vos pelles. Pour l'été, on continue à lire à propos des châteaux pour ensuite amener notre enfant dans un carré de sable ou à la plage.

Votre enfant a une sortie scolaire ou il exploite un thème en classe? **Utilisez cette occasion pour lire avec lui sur ce sujet**! Vous pouvez aussi rechercher de l'information sur internet avec lui. Plusieurs encyclopédies en ligne sont une source incroyable d'information.

Vos enfants font des jeux de Lego? **Inspirez-les à l'aide de livres** pour leurs constructions. Présentez-leur des livres sur les moyens de transport, les châteaux, la muraille de Chine!

❀

« À quoi servent les livres s'ils ne nous ramènent pas vers la vie ? »

Henry Miller

❀

Avez-vous créé un environnement où la lecture est partout ? Utilisez-vous les livres, mais aussi les autres objets-lecture disponibles autour de vous (circulaire, internet, dépliant, menu, etc.) ? Votre enfant peut-il avoir accès de façon autonome à cette lecture ? Qui, dans votre environnement, peut soutenir votre enfant ? Inspirez-vous de ces trucs lecture pour bonifier votre environnement et intégrer la lecture à votre vie et à celle de votre enfant.

Trucs pour motiver vos enfants en lecture : Go ! Go ! Go !

◆◆◆

Pour certains enfants, la lecture ne semble pas une activité motivante. Ils traînent de la patte... Comment faire pour les « contaminer » et développer chez eux une attitude plus positive ? À l'image d'un entraîneur de hockey, nous devons encourager et motiver nos troupes, même nos joueurs les plus récalcitrants, alors voici des trucs lecture pour susciter la motivation, le plaisir et l'intérêt envers la lecture. Go ! Go ! Go !

> **« Vous devez trouver l'endroit où, à l'intérieur de vous, rien n'est impossible. »**
>
> Deepak Chopra

Votre enfant veut négocier une nouvelle heure de dodo ? **Offrez-lui 15 minutes de plus pour lire dans son lit**. Il aimerait se coucher plus tard ? Dites simplement : « Tous ceux et celles qui veulent lire peuvent se coucher 10 minutes plus tard ! »

Créez un contexte propice à la lecture, **fermez la télévision** et dites : « Chacun à son livre ! » Laissez traîner des livres partout, particulièrement à côté de la toilette.

❀

Au commentaire de mon fils: « Je n'ai rien à faire! » Je réponds souvent: « Lis! »

❀

Le matin, avant le départ pour l'école ou la garderie, **parlez à votre enfant des lectures que vous lui ferez le soir**. Toute la journée, le désir de lire s'installera et le soir venu, votre enfant vous rappellera votre promesse!

Votre enfant bouge, gigote et a de la difficulté à se concentrer lors de la lecture? **Donnez-lui le contrôle du livre** et demandez-lui de tourner les pages. Une autre alternative : jouez à changer de position. On lit trois pages couchés sur le ventre, trois autres sur le côté, et on finit la lecture sur le dos! Soyez indulgent, certaines personnes bougent et peuvent lire en même temps...

Demandez à votre enfant: « **Qu'aimerais-tu apprendre? »** À partir de ses champs d'intérêt, vous le guidez ensuite vers la lecture. Encouragez la lecture comme une des activités à privilégier. Le dimanche, je demande parfois à mes enfants: « Qu'allez-vous lire cette semaine? » et lorsque je les vois lire, j'ajoute: « J'aime ça quand tu lis! »

Ne répondez pas à sa question! Référez-le plutôt à une source d'information où il devra lire pour trouver sa réponse (livre, site internet)! « Tu peux trouver ta réponse sur le site ______________________. »

Lisez des livres à suspense ou un peu effrayants (pas trop!), mais juste assez pour que votre enfant reste collé près de vous et soit attentif à l'histoire!

Demandez l'aide de la fée des livres! Oui, après le père Noël, le lapin de Pâques, pourquoi ne pas collaborer avec la fée des livres? Elle dépose discrètement un livre sous l'oreiller de votre enfant, particulièrement avant les vacances!

Créez un endroit spécial destiné à la lecture. Organisez un coin lecture confortable et agréable pour votre enfant. Certains parents installeront une tente, un hamac, d'autres offriront des coussins originaux ou ajouteront simplement une lampe près du lit. Observez les habitudes de votre enfant et créez un coin lecture dans son environnement.

Voici des trucs pour animer la lecture et pour rendre ce moment dynamique :

- Changez le nom des personnages par celui de votre enfant et des membres de votre famille ;
- Ajoutez des bruits pendant la lecture (ex.: bing, bang, wow, ouille) ;
- Changez le volume de votre voix (chuchotez des passages !) ;
- Pointez des images ;
- Faites participer votre enfant en le questionnant sur le texte ;
- Laissez-le terminer votre phrase.

Soyez un modèle. Parfois, je dis à mes enfants: « D'accord, pour la prochaine heure, tout le monde fait quelque chose qu'il aime » et moi... je lis !

Commentez vos lectures, dire à voix haute en présence de votre enfant « Incroyable ce livre ! » « Bien voyons donc ! Ça ne se peut pas ! » suscitera peut-être des questions de la part de votre enfant. Une façon de l'impliquer et de piquer sa curiosité.

Mon fils de 3 ans : Maman? Grand-papa dort (en regardant mon père qui lit tranquillement son roman, assis sur le divan).

Moi : Non, il lit...

Mon fils : Il ne bouge pas maman... (en regardant son grand-père qui lit).

Grand-papa : Viens Maxime, je vais t'expliquer ce qui se passe dans mon livre.

Parlez de vos lectures, car un enfant ne sait pas ce qui se passe dans votre livre!

★ **Prenez votre place, cher papa!** Que ce soit lors de la lecture de l'histoire ou par le biais de petits commentaires valorisant la lecture. Si vous êtes un lecteur, parlez de vos lectures. Si maman lit un livre aux enfants, ajoutez « Attendez-moi! Moi, aussi je veux écouter l'histoire! » Joignez-vous au rituel des histoires, vous êtes un modèle. Une phrase anodine telle que « Ta mère m'a dit que tu lisais un bon livre ces temps-ci? » démontre votre intérêt et ouvre la porte à de belles discussions. Prenez le temps de valoriser les choix-lecture de vos enfants « Bon choix, fiston! » Toutes ces petites actions... c'est aussi ça, les accompagner en lecture.

Valorisez les efforts de votre enfant. J'aime demander à mon fils: « Tu vas faire de ton mieux aujourd'hui? Qu'est-ce que tu pourrais faire pour t'améliorer? » Soulignez les efforts de votre enfant, car lui aussi il a parfois de grosses journées ou des journées plus difficiles. Vous pouvez porter un « toast » au souper aux efforts et à la persévérance de votre enfant! Ça ne coûte rien et pourtant, cela fait tellement plaisir de savoir que quelqu'un reconnaît nos efforts.

L'avantage d'être parent, c'est qu'on peut aider notre enfant plusieurs fois par semaine sur de courtes périodes...

Parfois, **demandez au grand frère d'aider sa petite sœur en lecture**. Pour vraiment apprendre quelque chose, on doit l'enseigner à quelqu'un... ou le réinvestir dans le quotidien, alors si votre enfant peut expliquer certains sons, certaines questions à sa sœur, c'est qu'il l'a d'abord compris... Créez une communauté d'apprentissage dans votre maison.

« Dis-moi et j'oublie. Enseigne-moi et je me souviens. Implique-moi et j'apprends. »

Benjamin Franklin

Donnez des choix à votre enfant : « Tu lis seul ou nous partageons la lecture? » Il est beaucoup plus facile d'assumer nos choix. De toute façon, lire seul ou ensemble, ça reste un moment lecture, n'est-ce pas? Votre enfant a de la lecture à faire pour l'école? Pourquoi ne pas le responsabiliser? La simple question « *Quand* allons-nous lire ton livre? » offre cette liberté et un choix à l'enfant.

Certaines phrases ont un effet bénéfique sur les enfants. Pour bâtir la confiance de votre futur lecteur, n'hésitez pas à être plus explicite et à valoriser certains comportements (ex. : Tu comprends bien! Tu es curieux! Tu as trouvé cette lettre, wow!). **Concentrez-vous sur ce que votre enfant PEUT faire en lecture, valorisez-le** (Tu peux lire les mots____, ____, ____! Je vais t'aider avec les autres). Commencez votre phrase

❀

Votre enfant a de la difficulté en lecture? Restez zen, souriez et dites-lui : « Plus tu t'exerces, plus tu deviendras bon. »

❀

avec « J'aime ça quand tu... » Pour les moments plus difficiles, parfois un silence, un câlin et un petit mot d'encouragement donnent à votre enfant la motivation de surmonter ses difficultés en lecture. #Valoriser

Faites des choix de lecture stratégiques. Vous avez un grand contrôle sur ce que vous proposez à votre enfant. Vous pouvez exploiter un thème et encourager votre enfant à lire PLUSIEURS livres sur ce sujet. Votre enfant peut lire PLUSIEURS livres du MÊME AUTEUR. Lui offrir le PREMIER TOME d'une série ou lui faire découvrir une collection présentant un nouveau personnage peut amener votre enfant vers la lecture. Soyez créatif et stratégique, car une lecture mène souvent à une autre...

Tout-petit, il jouait aux Lego et écoutait des films de Star Wars. Puis, il s'est mis à aimer les bandes dessinées de superhéros. Par la suite, il a découvert les livres dont vous êtes le héros. Bizarre, aujourd'hui, il lit des livres de science-fiction...!

De la naissance à l'adolescence, observez les intérêts de votre enfant.

Partagez la lecture avec lui. Par exemple : « Je lis une phrase, tu lis une phrase; je lis une page, tu lis une page; je lis la narration, tu lis les dialogues. » Toutes ces façons sont bonnes pour soutenir son enfant en lecture. En plus de s'exercer à lire, il aura accès à un bon modèle de lecteur, vous! Une situation de plaisir qui permet à votre enfant de discuter du texte et de sa compréhension avec vous.

Offrez à votre enfant une carte du monde. Situer les événements ou les informations aide votre enfant à mieux comprendre son texte. Profitez des livres pour lui faire découvrir le monde !

Établissez des objectifs avec votre enfant. Pour le jour de l'an, j'offre un calendrier à mon enfant et je lui dis « Je te donne UNE année, que vas-tu accomplir dans la prochaine année ? » Ensuite, nous écrivons au verso du calendrier chacun des objectifs. Il est plaisant de les redécouvrir en fin d'année !

Que faites-vous pour motiver votre enfant en lecture ? Avez-vous une attitude positive ? Valorisez-vous les comportements-lecture des membres de votre famille ? Soyez un modèle et devenez l'entraineur qui donne confiance à son équipe. Faites partie du jeu en lisant et en partageant avec votre jeune joueur !

Trucs lecture pour développer le vocabulaire

◆◆◆

Saviez-vous que la réussite en lecture est très liée au vocabulaire? Que certains enfants développent des problèmes en lecture vers la quatrième année du primaire? Tout petits, en première et en deuxième année, ils se débrouillaient bien, mais voilà que vers la quatrième année, ils ne semblent plus comprendre les textes... Ces soudaines difficultés de lecture apparaissent, car les textes qui leur sont présentés utilisent un vocabulaire plus complexe. Imaginez un enfant en train de lire à propos de forsythia[2]. Si celui-ci ne connaît pas ce mot, il devra utiliser d'autres stratégies pour le comprendre. Et si, dans ce même texte, il y avait plusieurs mots qu'il ne comprenait pas... ? J'ai développé plusieurs trucs pour développer le vocabulaire de mes enfants et ce, dès la petite enfance. Je les partage avec vous :

❀

Mot d'enfant

Mon fils de 3 ans : Maman, une boucherie, c'est une bouche qui rit?

Bonne stratégie! Réfléchir à la constitution des mots.

❀

Utilisez des mots riches. Pas de « Toto, dada » pour mes enfants. Non! Je nomme les objets, les événements par leur nom. J'essaie de diversifier mon vocabulaire. Parfois, je parle donc de voiture, d'auto ou d'automobile. Je les encourage à utiliser d'autres mots pour dire la même chose : « Tu peux aussi appeler ça un véhicule. »

Pointez et nommez les images. Les images sont une source incroyable d'information. Prendre le temps de

2. Arbrisseau ornemental à fleurs jaunes précoces.

les observer et d'en discuter favorise la compréhension des tout-petits.

Choisissez PLUSIEURS livres sur UN MÊME sujet. D'un livre à l'autre, votre enfant entendra ces mots dans différents contextes ! S'il ne comprend pas un mot, utilisez ce mot dans plusieurs phrases et donnez-lui des exemples.

Lors de la lecture à votre enfant, **prétendez ne pas connaître un mot**… Il doit ensuite vous l'expliquer !

En auto, jouez à « C'est quoi un ____ ? » Votre enfant réfléchit au mot et donne sa définition. Vous pouvez aussi l'aider à définir le mot. Certaines réponses sont tellement amusantes ! Créez des définitions humoristiques, c'est aussi plaisant ! Un autre jeu intéressant est celui-ci : Trouvons ensemble 10 mots qui nous font penser à ______________________________ (ex. : Noël).

C'est vrai ! **Chantez et « lisez » les paroles de chansons** ! En plus d'occuper le temps en voiture, cela développe le vocabulaire de votre enfant.

Pourquoi ne pas relire le livre préféré à votre tout-petit ? **La relecture d'un même livre aide à l'acquisition du vocabulaire**.

Aimer son enfant, c'est aussi lui raconter 20 fois le même livre!!! (parce qu'il l'aiiiiiimmmmme ce livre!)

Vous avez appris un nouveau mot aujourd'hui ? Prenez le temps de l'expliquer à votre enfant. De plus, avez-vous déjà remarqué que certains mots ont plusieurs sens ? **Sensibilisez votre enfant à ces mots à double (ou triple !) sens** (ex. voler, souris, côte, règle).

Discutez avec votre enfant de concepts abstraits tels que la liberté, l'amitié, la démocratie, la société, etc.). Des mots difficiles à comprendre lorsqu'on est jeune… **Amusez-vous aussi à utiliser des expressions idiomatiques** dans le quotidien (ex. : Avoir la tête dans les nuages, changer le mal de place). Ces expressions ne sont pas faciles à comprendre et les entendre à plusieurs reprises aide l'enfant à se les approprier. #UnJourCesMotsSerontDansUnLivre

Utilisez des mots liés aux mathématiques (demi, quart, cm, formes, etc.) dans votre quotidien. Par exemple, vous coupez la rôtie de votre enfant? Parlez-lui de quart et de demi. Un jour, il devra « lire » ces mots en mathématiques. Au quotidien, je m'amuse donc à parler de formes (cercle, rectangle, carré), j'intègre des mots liés à la mesure (centimètre, mètre) ou des chiffres. Bien sûr, la fameuse pizza du vendredi soir me permet de parler de fractions: « Tu veux un quart de la pizza ou un sixième? »

Présentez à votre enfant des dictionnaires ou des encyclopédies en ligne. Des outils essentiels pour comprendre un mot, trouver une définition ou l'orthographe d'un mot. Bien sûr, offrir un dictionnaire papier à votre enfant est encore un beau cadeau.

Moi: « Tu comprends tous les mots dans ton livre? »

Mon fils: « Non, mais je continue à lire et je finis par comprendre. »

Stratégie d'un bon lecteur : tolérer l'ambiguïté.

Votre enfant développe son langage à vos côtés. Plus il aura de mots en sa possession, plus il pourra exprimer et préciser ses pensées. Comment pouvez-vous l'aider à acquérir de nouveaux mots qui lui seront utiles tout au long de sa vie ? Inspirez-vous de mes trucs pour bonifier le langage de votre enfant. Saviez-vous qu'il y a plus de mots rares dans les livres pour enfant qu'à la télévision lors des heures de grande écoute ? La lecture est un excellent moyen d'acquérir du vocabulaire.

Trucs lecture pour aider votre enfant à déchiffrer ce code secret (apprendre les lettres et leurs sons)

Lorsque mes enfants étaient petits, je leur ai souvent répété que la lecture est un code secret qui ouvre sur le monde. Que les lettres forment des messages et qu'un jour, ils pourront les lire et même en écrire. Mes enfants gribouillaient sur une feuille et je leur disais : « Viens me dire ce que tu as écrit. Tu veux que je t'aide à l'écrire ? » Ils ont grandi avec cette confiance qu'un jour, ils seront des lecteurs et des scripteurs. Une confiance qui s'est développée au fil des années, bien avant leur entrée à l'école. Je partage avec vous les trucs lecture qui ont imprégné notre quotidien. Toujours dans une optique de plaisir et de découverte, mes enfants se sont tranquillement appropriés ce code secret !

Sensibiliser votre enfant à ce code secret

Bien avant de connaître les lettres et leurs sons, un enfant se pose des questions et découvre graduellement qu'il y a un code secret qui s'appelle la lecture et l'écriture… Voici quelques trucs lecture pour sensibiliser nos tout-petits.

Bébé est fasciné par un livre? **Suivez le texte avec votre doigt**, pointez les images. Surtout, ne tournez pas les pages trop vite, votre enfant « lit » les images. Vous pouvez aussi prendre délicatement son doigt pour lui faire suivre le texte. Un petit geste qui lui permet de s'approprier le sens de la lecture de gauche à droite.

Jouez avec votre petit à « faire semblant » et intégrez la lecture et l'écriture à vos jeux. Utilisez papiers et crayons lorsque c'est possible. Je me rappelle jouer avec mes fils au magasin, à la bibliothèque, ou au travail de papa. Combien de fois ai-je comptabilisé les buts réussis au hockey sur une grande feuille de papier? Toutes les occasions sont bonnes.

Donnez votre vieux clavier d'ordinateur à votre jeune enfant: il pourra jouer à « écrire » comme papa et maman. Les enfants aiment pouvoir écrire leur nom. Je me rappelle avoir dit à mes enfants que lorsqu'ils tapaient la lettre « o », ils écrivaient au père Noël! « ooo »

Vos enfants mangent une collation à la maison et vous déposez cette collation dans un bol? **Prenez des bols de la même couleur, mais inscrivez les noms des enfants**. Ils n'auront pas d'autres choix que de remarquer la première lettre de leur prénom pour réussir à trouver leur collation.

Il y a un livre que votre enfant connaît par coeur? **Changez des mots lors de votre lecture** et voyez sa réaction. S'il vous dit que ce n'est pas ça qui est écrit, que vous vous êtes trompé, dites-lui: « Tu es sûr? On va regarder les lettres. » Ensuite, félicitez-le!

Vous bricolez avec votre fiston? **Créez de magnifiques collages** avec vos vieilles revues et les journaux. Découpez, collez et... parlez, par hasard, des lettres!! Vous pouvez aussi réutiliser les lettres et créer une carte à envoyer à quelqu'un.

Procurez-vous des lettres magnétiques à afficher sur le réfrigérateur. Surtout, ne les placez pas toutes sur le réfrigérateur en même temps. Choisissez plutôt des lettres qui ont un sens pour votre enfant (P pour papa, M pour maman, etc.). Lorsqu'il connaît bien ces lettres, ajoutez-en de nouvelles. Prendre quelques minutes pour discuter et jouer avec les lettres permet à votre enfant de s'approprier ce code secret.

Affichez le nom des membres de votre famille à la vue de votre enfant. Sur le réfrigérateur, dans l'entrée ou sur les portes de chambres, vous pouvez faire remarquer à votre enfant le lien entre les lettres vues dans son environnement et son prénom. De plus, puisque les noms sont affichés, encouragez votre enfant à les utiliser. « Wow, tu m'as fait un beau dessin! Tu peux m'écrire ton nom? » #BonneStratégie #UtiliserLesMots-DeLEnvironnement

Mon fils : « Maman, ton nom est pareil au mien : Maman, Maxime. »

Moi : « Es-tu sûr? Je vois des différences... Regardons ça de plus près. »

Chantez-vous la chanson de l'alphabet à votre tout-petit? Votre enfant apprendra cette drôle de chanson. Vous pouvez aussi afficher l'alphabet quelque part à la vue et lorsque vous chantez ensemble, pointez les lettres.

Mmmm… Votre enfant adore la réglisse? **Formez de délicieuses lettres** en réglisse! Il est plutôt du style à jouer aux blocs Lego? Lancez-lui le défi d'écrire son nom en blocs!

J'achète parfois des céréales en forme de lettres. Quel plaisir de dire à mon fils: « Ne mange pas mon nom! » Bizarre, la motivation à manger les J-U-L-I-E s'intensifie!

Demain matin, déposez la boîte de céréales sur la table à déjeuner et dites à votre enfant: « Eh bien, **je vois les lettres de ton nom** sur cette boîte! » Incroyable comment cette petite phrase amène vers la recherche de lettres!

Votre enfant adore jouer à « faire semblant ». **Proposez-lui de jouer à l'optométriste**. Lire de grosses lettres, de moyennes lettres, de petites lettres…

Lors de la lecture d'une histoire, **expliquez à votre enfant la différence entre une lettre et un mot** : « Tu vois ici c'est une lettre, mais si tu en colles plusieurs ensemble, cela fait des mots! » Cette discussion sensibilise votre enfant au fonctionnement de ce code écrit. Ne soyez pas étonné par la suite qu'il vous questionne sur le texte!

Jumelez l'utile à l'agréable. Lors de belles journées ensoleillées, **sortez des craies à l'extérieur pour faire des dessins sur l'asphalte**. Par temps enneigé, écrivez avec lui sur la neige. De petites actions qui font une différence.

Mon fils adore lorsque je lui dessine une lettre avec mon doigt dans le dos et qu'il doit la deviner. Parfois, je lui dessine de petits mots.

« Le succès: c'est la somme de tous les petits efforts, vécus chaque jour. »

Robert Collier

Jouer avec les lettres et leurs sons

Un enfant qui apprend à lire doit d'abord reconnaître les lettres, mais en plus, il doit connaître leur « son », car c'est à partir de ces sons importants que l'enfant pourra lire le mot. J'ai développé plusieurs trucs lecture pour favoriser le développement de cette conscience phonologique chez mes enfants. Les voici :

Dites à votre enfant que chaque lettre fait un son. Par exemple : « La lettre B fait bbb, la lettre M fait mmm, etc. » Lorsque vous pointez une lettre, **mentionnez le nom de la lettre et ensuite le son** qu'elle fait. #DévelopperConsciencePhonologique

Pointez une lettre dans votre environnement et, avec votre enfant, **trouvez des mots qui commencent par cette lettre**. Vous pouvez aussi jouer à « Je vois un objet qui commence par la lettre ____________! »

Utilisez les écrits de votre environnement. Lorsque je vais au I-G-A ou à la S-A-Q, je lis les lettres lentement et les montre à mon enfant. Il n'est donc pas étonnant qu'un matin, à l'épicerie, mon fils me dise : « Il y a un A comme dans mon nom ! » Les enfants reconnaissent les logos, les bannières de magasins. Félicitez-les, c'est aussi de la lecture !

D E F G H I

Mot d'enfant

Mon fils de 4 ans: C'est écrit mon nom! (en regardant la bannière du magasin Maxi)

Moi : Presque, mais il manque le « ME » pour Maxime.

(Deux semaines plus tard)

Mon fils : Regarde, maman, c'est écrit la moitié de mon nom (en pointant la bannière)!!

Petits apprentissages

À la question : « Qu'est-ce qu'on mange? » Répondez: « Ça commence par _____. » (ex. : Rrr pour raisin).

Pourquoi ne pas faire des rimes avec les prénoms de votre famille? **Jouez à trouver des mots qui riment**. Vous le faites ainsi réfléchir au son final des mots.

Vous croyez que votre enfant connaît son petit livre par cœur? Wow! Félicitez-le et ensuite... **demandez-lui de relire en pointant les mots ou en l'encourageant à trouver des mots qui commencent par la lettre _____**. Ne cachez surtout pas les images.

Lorsque votre enfant vous demande comment écrire un mot, **retournez-lui la question « Qu'entends-tu dans le mot** C-A-M-I-ON? » Aidez-le à entendre les « sons » dans ce mot. Si l'enfant réfléchit aux sons des lettres, il pourra un jour les reproduire seul sur sa feuille. Enseigner les « sons » des lettres est une étape importante de l'apprentissage de la lecture.

Votre enfant hésite en écrivant un mot? **Liez ce mot à un autre mot qu'il connaît** (on écrit le son « ain » de « train » comme dans le mot main).

Mon fils de 5 ans : Maman, je peux écrire deux mots : « Non » et « Wii ».

L'influence des écrits dans l'environnement

Écrivez différentes syllabes sur des petits cartons. Ensuite, demandez à votre enfant de piger une formule magique (plusieurs syllabes). **Votre enfant doit lire la formule magique** pour ouvrir différents objets ou boîtes. Par exemple, votre enfant devra lire « A-bra-ca-da-bra » pour ouvrir la boîte de biscuits. Encouragez-le à reconnaître les « syllabes » qu'il connaît, aidez-le à lire les autres. Mettez de la magie dans votre quotidien en créant des formules magiques.

Votre enfant connaît maintenant ses lettres et leurs sons? **Commencez à lui montrer que certaines lettres lorsqu'elles sont ensemble font un son** : O + U = OU.

Votre enfant a de la difficulté à lire? AVANT qu'il lise la phrase, **jouez au détective et trouvez ensemble différents sons** (eu, on, an, in, etc.).

Vous offrez du chocolat pour la St-Valentin à votre enfant? Pourquoi ne pas écrire et **découper les lettres du mot** CHOCOLAT? Ensuite, dites à votre enfant : « Si tu peux remettre ce mot en ordre, je t'en donne comme dessert ! » #Jeu

Votre enfant commence à lire de petits mots? **Sortez la baguette magique** (si vous n'avez pas de baguette magique, une baguette de sushi fera aussi l'affaire !). Remettez-la à votre enfant et dites-lui : « Dans le livre, lis-moi tous les mots que tu connais ! » Il pourra alors choisir et s'exercer à lire de petits mots. Vous pouvez aussi lui lancer quelques défis: « Je pense que tu es capable de lire ce mot-là! » Amusez-vous ensemble!

Utilisez une lampe de poche et cachez de petits mots dans sa chambre. Lorsque votre enfant les trouve, il doit les lire! Si c'est la St-Valentin, écrivez des mots doux sur des cœurs et faites une chasse aux mots.

Vous écrivez déjà de petits mots sur sa serviette de table ou sa banane? Parfait, maintenant passez à l'étape deux : **créez-lui des mots troués**! En plus d'avoir du plaisir à déchiffrer votre message, il utilisera ses stratégies pour découvrir les mots manquants. « Bonne journée _____! Je te vois ce _____. »

Votre enfant a plusieurs amis à la maison et ils veulent tous être les premiers au jeu? Dites-leur : « **Placez-vous par ordre alphabétique**! » Aidez-les à réfléchir à la première lettre de leur nom et à l'ordre alphabétique.

Non! Pas vrai! Il y a de nombreux points d'exclamation dans un livre!!! Wow! Une occasion incroyable pour **observer la ponctuation** avec votre enfant! Ajoutez un commentaire tel que « Tu vois, je mets beaucoup d'intonation parce qu'il y a un point d'exclamation. » Vous pouvez aussi lui faire remarquer une règle grammaticale dans un livre... « Avec LES, tu vois, les noms prennent souvent un S. »

Améliorer la fluidité en lecture

Votre enfant commence à lire et il lit de façon saccadée, syllabique? C'est normal. Continuez à l'encourager et à le féliciter. Avec de l'effort et en s'exerçant régulièrement, votre enfant commencera à prendre de la vitesse et à hésiter moins. Vous pouvez relire la phrase après qu'il l'a lue, cela aidera sa compréhension. Un autre moyen est de lui laisser le temps de « lire dans sa tête » AVANT de vous lire son livre.

La relecture d'un même texte aide à améliorer cette fluidité en lecture, car votre enfant s'approprie le texte.

Voici des moyens déguisés d'encourager la relecture :

- Wow, ton livre est tellement bon, va le lire à papa.

- Je pense que bébé aimerait que tu lui lises ton livre.

- Pour t'exercer encore plus, va lire ton livre à notre chien ou au chat.

- Que dirais-tu si on appelait grand-maman pour lui lire ton histoire?

- Je vais t'enregistrer lors de ta première lecture et lors de ta quatrième lecture, on va voir si tu vas t'améliorer!

- Viens, ça fait longtemps qu'on n'a pas relu ce livre-là.

- On va offrir ce livre à ta petite cousine pour Noël, alors exerce-toi, car c'est toi qui lui lis l'histoire à Noël!

- Pour la fête des Mères, je veux que tu me racontes le livre___ , je l'ai vraiment aimé!

- Peux-tu me relire ce passage, mais avec un ton effrayant? Un ton enjoué? Triste?

Prenez note que plusieurs courtes périodes de lecture sont plus efficaces qu'une longue période de lecture. Lire tous les jours, même pour de courtes périodes, aide votre enfant à développer sa compétence en lecture.

Votre enfant bloque sur un mot? Demandez-lui « **Tu veux plus de temps pour le lire ou tu veux mon aide?** » Parfois, nous sommes tellement rapides à offrir notre aide que l'enfant n'a même pas le temps de trouver une nouvelle solution. Laissez-lui un petit moment pour se relire. Proposez-lui de couper son mot en syllabes. Et si par mégarde votre enfant « change » un mot en lisant et cela ne nuit pas à la compréhension, vous pouvez laisser passer... Par contre, si l'erreur nous empêche de comprendre, mettez votre doigt sous celle-ci et demandez-lui: « Es-tu sûr? »

« Ne découragez jamais quelqu'un qui fait des progrès, si petits soient-ils. »

Platon

Piquez-vous la curiosité de votre enfant quant à la découverte de ce code secret que sont la lecture et l'écriture? Valorisez-vous ses apprentissages, si petits soient-ils? Et si vous aviez à apprendre le chinois, aimeriez-vous être accompagné d'une personne positive qui, par le jeu et la découverte, vous sensibilise à ce code secret? Vous êtes cette personne pour votre enfant...

« Tout ceux qui sont arrivés là où ils sont ont dû commencer là où ils étaient. »

Richard Paul Evans

Trucs pour aider votre enfant à développer des stratégies en lecture

Que se passe-t-il dans la tête d'un enfant lorsqu'on lui lit une histoire? Que se passe-t-il lorsqu'il lit de façon autonome? La recherche nous indique qu'un enfant utilise des stratégies pour arriver à comprendre le texte. Ces stratégies se développent au contact de son entourage. Lorsqu'un parent lui lit un texte, l'enfant dirige son attention sur les actions et les stratégies utilisées par le parent. Le petit les acquiert au fil de ses lectures. Certains enfants se feront lire des centaines d'histoires avant d'entrer à l'école, tandis que d'autres, pas plus de quelques dizaines… Une différence remarquable qui a un effet sur les apprentissages. Voici des stratégies importantes qui aident l'enfant à comprendre un texte. Je vous présente mes trucs lecture qui ont parsemé mon quotidien avec mes deux mousses :

Vous lisez à votre enfant? Ce n'est pas parce qu'il écoute qu'il comprend l'histoire...

L'Importance de discuter du texte avec votre enfant

La stratégie *Raconter dans ses mots*

Un bon lecteur peut raconter ses lectures dans ses mots. Vous pouvez encourager votre enfant à développer cette stratégie.

Votre enfant fait des milliers de dessins et vous ne savez plus où les mettre? Agrafez-les ensemble et créez un livre! **Prenez le temps de lui raconter ses dessins** et faites-le participer à cette « lecture ».

Choisissez des albums jeunesse SANS TEXTE ou même des bandes dessinées sans texte! Guidez votre enfant à travers les images et encouragez-le à vous raconter l'histoire. Il apprendra à structurer ses pensées (début, milieu, fin) et à faire des liens entre les événements de l'histoire.

Demandez à votre enfant de regarder les images AVANT de lire son texte. Un bon lecteur utilise plusieurs façons afin d'en dégager le sens. Lire et raconter à l'aide des images est une excellente stratégie.

> ***Mot d'enfant***
>
> **« Je peux lire les images, écoute maman… Il était une fois… »**

Les soirs où vous êtes fatigué, **demandez à votre enfant de vous raconter l'histoire**… Un moyen déguisé de le faire raconter dans ses mots!

Parfois, ne lisez PAS le texte du livre à votre enfant. **Inventez-le ensemble** et après, lisez la version originale!

Après avoir lu un livre informatif à votre enfant, **posez cette question : « Qu'est-ce que tu as appris dans ce livre ? »** Une belle façon de lui faire raconter dans ses mots ce qu'il a compris. De plus, vous pouvez retourner aux quelques pages clés du livre et discuter ensemble des informations ou des moments importants.

Quoi ?! Encore relire le même livre à votre enfant ?!! **Faites semblant de ne pas vous rappeler des parties de l'histoire**... Bizarre, il vous les racontera !

Votre enfant vous lit la moitié de son livre ? **Le lendemain, demandez-lui de vous raconter cette partie** avant de poursuivre la lecture.

La stratégie
Faire des liens entre sa vie et le texte

« Deux personnes ne lisent jamais vraiment le même livre. »

Edmund Wilson

Lorsqu'on lit, un bon lecteur fait des liens entre sa vie, ses expériences et les informations du texte. Si vous lisez à propos d'une visite chez le médecin, vous penserez en même temps à votre expérience chez le médecin. Il en est de même pour votre enfant. Lorsqu'on lit, on réfléchit à sa propre vie et cela nous aide à mieux comprendre le texte. Vous pouvez aider votre enfant à *Faire des liens* entre sa vie et le texte.

Avant le début de la lecture, **demandez à votre enfant ce qu'il connaît sur ce sujet AVANT de lire le livre** ! Intéressez-vous à ses connaissances antérieures et aidez-le à faire des liens avec des situations ou des informations qu'il connaît.

Votre enfant vit une période difficile ou un grand changement? **Choisissez des livres qui le feront réfléchir à ce qu'il vit**. La sucette, la propreté, le début des classes, l'amitié, la perte d'un être cher, tous ces thèmes sont exploités par nos auteurs. Utilisez les livres pour faire réfléchir votre enfant à sa propre vie.

Inspirez-vous de la vie de votre enfant pour lui expliquer l'histoire. Vous lisez un texte sur les chiens? Pourquoi ne pas lier les informations du texte aux chiens qu'il connaît? Faire des allers-retours entre les connaissances de votre enfant et le texte favorise sa compréhension.

Aidez votre enfant à faire des liens entre deux lectures, deux événements, deux personnages. Un commentaire tel que « C'est comme dans l'histoire... » aide votre enfant à établir des liens entre ses lectures.

La stratégie *Se Poser des questions*

Combien de fois un bon lecteur se pose-t-il des questions lorsqu'il lit un texte? « Va-t-elle le marier? Arrivera-t-il à temps? » Un lecteur est actif tout au long de sa lecture, il se pose des questions. Certains enfants se posent peu de questions lors des lectures et semblent désintéressés par l'histoire. Vous pouvez donc susciter ces questions et ainsi piquer leur curiosité. Partagez vos questions avec votre enfant « Je me demande si..., crois-tu que... »

Utilisez la page couverture pour susciter des questions: « Que va-t-il se passer? Pourquoi a-t-elle l'air triste? » Votre enfant désirera en savoir plus, mais surtout vous venez de piquer sa curiosité! Il voudra certainement poursuivre la lecture. Lire la quatrième de couverture est également un moyen efficace de faire émerger les questions. Ce petit texte derrière le livre donne juste assez d'information pour piquer la curiosité de l'enfant. #FaireDesPrédictions

« Quand vous ne voulez pas répondre, posez une question. »

Mary Higgins Clark

Parfois, **vérifiez la compréhension de votre enfant**. Les fameuses questions « Qui, Quand, Quoi, Pourquoi? » peuvent être un point de départ à une discussion. Vous venez de lui poser une question? Assurez-vous de lui laisser le temps de répondre...

Votre enfant pose des questions lorsque vous lui lisez des histoires? **Utilisez ses questions pour discuter du texte**.

Parsemez votre lecture de silences... Parfois, faire une petite pause à un moment stratégique permet à l'enfant de réfléchir aux informations et cela lui donne le temps de poser une question.

La stratégie *Lire entre les lignes (Inférer)*

« Elle a pleuré toute la journée, elle est restée en pyjama. Ses yeux étaient tout rouges. » En lisant cette phrase, un bon lecteur pourrait penser que cette dame est TRISTE. Même si ce n'est pas écrit dans le texte. Ce bon lecteur a inféré cette information ou plutôt, il a lu « entre les lignes ». À l'école, nos enfants se feront questionner et devront « lire entre les lignes », alors voici mes trucs lecture pour développer cet aspect de la compréhension.

Lisez les paroles d'une chanson avec votre enfant et **discutez des émotions** ou racontez une histoire et parlez des sentiments des personnages.

Gardez un livre de blagues dans l'auto! L'humour est rarement explicite, on doit en déduire le sens. En plus d'être plaisant, on doit réfléchir pour comprendre le sens!

Papa attend dans l'auto avec les enfants? **Jouez aux devinettes** (Qu'est-ce qui est__?). En donnant des indices à votre enfant, celui-ci doit deviner l'objet choisi. Vous pouvez aussi créer une devinette pour faire deviner un cadeau, par exemple. Votre enfant devra « lire entre les lignes » pour trouver la réponse.

La stratégie *Se faire des images dans la tête (Visualiser)*

Un bon lecteur imagine l'histoire dans sa tête. Il en est de même pour votre enfant lorsque vous lui lisez une histoire ou qu'il lit de façon autonome. Les mots se transforment en images et défilent au rythme de sa lecture. « Un petit chien n'a pas la même allure qu'un gros chien. » Comme un peintre, le bon lecteur tapisse en images sa lecture. Voici des trucs lecture pour développer cette stratégie, des trucs approuvés par mes enfants!

N'utilisez pas de livre pour raconter une histoire! Non! Assoyez-vous confortablement et **inventez une histoire, sans livre**. Votre enfant, tout en vous écoutant, devra faire ses images dans sa tête. À tour de rôle, inventez cette histoire. La participation de tous les enfants est alors vraiment appréciée!

Lisez un livre à votre enfant, sans lui montrer les images. Lorsque la lecture est terminée, montrez-lui les images et discutez-en avec lui.

Utilisez des livres-CD, sans utiliser le livre. Lors de la deuxième écoute, prenez plaisir à découvrir le livre ensemble !

Il y a tellement d'apprentissages qui sont invisibles, mais pourtant si réels lors de la lecture à un enfant. L'enfant apprend à réfléchir, à raconter dans ses mots, à poser des questions, à faire des liens entre sa vie et les informations du texte, à se faire des images dans sa tête, à comprendre le vocabulaire et à lire entre les lignes. Comment le guidez-vous à travers ses apprentissages ? Discutez-vous du livre avec lui ? Inspirez-vous de ces trucs. Qu'on soit un lecteur qui écoute une histoire ou un enfant qui lit de façon autonome, nous utilisons tous ces stratégies.

Lire un livre à son enfant, c'est bien, mais en discuter avec lui, c'est mieux !

Trucs lecture pour développer le jugement critique

◆◆◆

Que ce soit la lecture de pages internet, d'un excellent livre ou d'un article de journal, la lecture nous donne accès à des informations qui transforment nos pensées. Apprendre de nouvelles choses structure nos connaissances. De plus, lire sur différents sujets nous aide à réfléchir à notre propre vie. Pour ce faire, un jeune enfant a besoin du soutien d'un adulte pour l'amener plus loin dans sa réflexion. J'adore utiliser les livres comme déclencheurs pour une discussion. J'aime observer mes enfants réfléchir! Développer le jugement critique de notre enfant, c'est aussi l'aider à se former une opinion et être capable de la justifier. Je vous propose différents trucs lecture pour susciter cette réflexion. Amusez-vous à aller plus loin en lecture…

Votre enfant vous demande de relire le même livre? **Demandez-lui ce qu'il aime de ce livre**. Vous pouvez aussi lui demander de choisir ses livres préférés. Y a-t-il un fil conducteur entre ceux-ci? Connaître ce qu'on aime en lecture, c'est mieux se connaître comme lecteur.

Offrez des choix à votre enfant. Lorsqu'on choisit, c'est qu'on a une opinion, une préférence pour quelque chose. Parfois, je présente trois livres à mes

❀

Mon fils en revenant de la bibliothèque: « J'ai choisi le même livre. »

(J'aurais pu dire ENCORE!!! Mais non. J'ai plutôt discuté de ses préférences…)

Ma réponse: « Dis-moi ce que tu aimes de ce livre? »

❀

enfants et ils choisissent lequel nous allons lire. Certains soirs, je leur lis la quatrième de couverture (l'arrière du livre) de plusieurs livres et ensuite, ils font un choix. Je les aide à verbaliser leurs préférences. Par cette sélection, j'essaie aussi de leur faire découvrir des livres différents (drôles, tristes, informatifs, etc.) qu'ils ne choisiraient pas par eux-mêmes.

Offrez un signet à votre enfant et parfois, **encouragez-le à déposer son signet à sa page préférée ou à son passage préféré**. Profitez de ce moment pour discuter de son choix.

Vous voulez aider votre enfant à donner son opinion sur un livre? Il est beaucoup plus facile de donner son opinion lorsqu'on peut comparer deux livres. Profitez de vos lectures pour lui demander **lequel des deux livres est le plus** intéressant, le plus beau visuellement, le plus drôle ou le plus triste, par exemple. Avec votre aide, votre enfant apprend à donner son opinion. Une autre façon est de lire plusieurs livres du même auteur et de lui faire choisir son livre préféré. Encore une fois, avec cette banque de repères, il pourra verbaliser son opinion. #ApprendreÀComparer

Offrez-lui des livres loufoques! Vous savez, des livres qui dépassent les limites du réel! Parlez des informations contenues dans le livre et demandez à votre enfant si c'est possible: « Est-ce fictif ou réel? » Il doit alors juger les informations. Les réponses des enfants sont parfois tellement surprenantes!

Lisez un livre que votre enfant connaît bien et ajoutez des informations insolites! Observez sa réaction. Est-il d'accord? Veut-il rectifier l'histoire ou ajoute-t-il des informations loufoques à son tour? Il n'y a pas de bonnes ou de mauvaises réponses. Profitez de cette lecture amusante pour rire ensemble!

« **Aujourd'hui, on ne lit pas, on regarde et on parle seulement des images**! » Pour un enfant, les images d'un livre lui donnent beaucoup d'information. Est-ce un livre effrayant, comique ou romantique? Utilisez les images d'un livre et exploitez-les avec votre enfant. #ApprécierLesImages

Réinvestissez vos lectures dans votre quotidien. Parfois, le moment de la lecture ne nous donne pas assez de temps pour réfléchir et discuter des informations. Cependant, si vous réinvestissez le sujet de vos lectures dans le quotidien, au souper ou lors des déplacements en auto, vous allongez ce moment de réflexion et votre enfant peut alors participer d'une autre façon à la discussion.

Des questions qui sollicitent le jugement critique de votre enfant :

- Qu'en penses-tu? Pourquoi aimes-tu_____? Pourquoi n'aimes-tu pas____?
- Que ferais-tu à sa place?
- Es-tu d'accord? Pourquoi?
- Quelle est la morale de l'histoire?
- Quelle est ta préférence?
- Qu'est-ce qui est intéressant dans cette lecture?

Proposez PLUSIEURS livres sur UN MÊME sujet à votre enfant. Il découvrira que dans les livres, un sujet peut être abordé de différentes façons, chaque livre apportant un éclairage différent sur le sujet choisi. Le fait de lire plusieurs livres sur le même sujet peut aussi favoriser la participation de votre enfant, car d'une certaine façon, il devient un expert sur le sujet!

« Si vous voulez que vos enfants soient intelligents, lisez-leur des contes. Si vous voulez qu'ils soient plus intelligents, lisez-leur plus de contes. »

Albert Einstein

Amusez-vous à lire des contes classiques avec votre enfant. D'abord, parce qu'il aura accès à une banque d'histoires de qualité et que ces histoires existent depuis si longtemps. Ensuite, parce que c'est une belle façon de transmettre notre culture à nos petits. De plus, n'hésitez pas à choisir des versions différentes de ces contes. Comparez-les. Ce qui est fascinant, c'est que votre enfant développera sa compréhension de l'humour présent dans les différentes versions de ces contes. Rien de mieux que de lire pour ensuite écouter le film!

Les contes sont vrais, pas parce qu'il y a des dragons, mais plutôt parce qu'ils enseignent aux enfants que nous pouvons combattre nos peurs.

Neil Gaiman

Comment amenez-vous votre enfant à réfléchir et à donner son opinion ? Lui laissez-vous l'occasion de s'exprimer sur les informations d'un texte ? Toute notre vie, nous sommes confrontés à des textes et des informations. Petit à petit, nous construisons notre vision du monde. Aidez votre enfant à construire sa vision du monde. Inspirez-vous de mes trucs lecture pour développer son jugement critique.

Top Trucs pour les éducatrices

◆◆◆

J'ai un réel coup de cœur pour nos éducatrices qui, jour après jour, accompagnent nos enfants. Voici quelques trucs spécialement pour vous!

Il n'y a pas que la lecture avant le dodo… **Ayez plusieurs mini-moments lecture par jour plutôt qu'un seul long moment**. Intégrez les livres, les comptines, les chansons plusieurs fois par jour à l'horaire.

Pour le bambin, les livres à manipuler sont essentiels à son développement. Plusieurs existent sur le marché (différentes textures, avec ou sans effet sonore, etc.). Cependant, ce qui l'est encore plus, c'est votre présence, votre sourire, vos commentaires. **Vous êtes LE LIEN entre l'enfant et son livre**.

Faites vivre de vraies expériences aux enfants. Pour bien comprendre le monde qui l'entoure, un enfant doit le toucher, le goûter, le voir, l'entendre et le sentir. **Décrivez-lui ce monde avec des mots** qui… un jour… seront dans son livre. #VivreDesExpériences #Expérimenter

Créez des albums photo de vos activités, des familles, des lieux qui vous entourent. Ces albums pourront bonifier votre bibliothèque et vous serez surpris de leur popularité!

Mettez de la magie en ayant un endroit mystérieux où vous déposerez un livre

quelques fois par semaine. Que ce soit un coffre, une boîte ou une vieille valise, les enfants adorent découvrir une nouveauté.

Ayez un correspondant qui envoie des messages à votre groupe d'enfants. Le fameux lutin du père Noël, une maman mystère du service de garde ou un toutou qui viendra vous rendre visite? Toutes les idées sont bonnes pour recevoir du courrier ou des courriels.

Emballez un livre (même s'il provient de votre bibliothèque!) et dites aux enfants: « Je me demande qui nous a fait un si beau cadeau? ». Une autre idée qui fonctionne bien est d'en emballer plusieurs et de les mettre à la vue de tous. Vous pouvez ensuite en faire déballer un par jour, par exemple. Les enfants adorent le mystère et les cadeaux! Truc idéal pour le temps des fêtes!

Préparez une valise remplie de livres qui sera prêtée pour la semaine à l'enfant. Chacun leur tour, les enfants pourront rapporter celle-ci à la maison. Les parents auront donc accès à un trésor de livres pour la semaine et pourront remplir une petite fiche sur les préférences de leur enfant.

Trouvez des lecteurs « masculins » pour faire la lecture aux enfants. Invitez le concierge, le cuisinier ou un papa. La lecture, c'est pour tous!

Créez une journée du conte! Tous les enfants arrivent en pyjama, offrez du chocolat chaud et amusez-vous à lire et à découvrir les contes classiques. Quelques déguisements de gros méchants loups ou de Cendrillon et la journée est réussie!

Top Trucs pour les enseignants

◆◆◆

Nos enseignants travaillent très fort, tout au long de l'année, pour développer l'amour de la lecture chez nos enfants. Voici des trucs lecture expérimentés dans ma salle de classe ou à la bibliothèque, qui fonctionnent bien.

Trucs pour la bibliothèque

En début d'année, après que chaque élève se soit présenté, **pourquoi ne pas présenter les auteurs de votre bibliothèque de classe**? #CréerDeBelles-Rencontres

Parlez-vous à vos élèves de la bibliothèque comme étant un événement extraordinaire dans leur horaire? Lorsque j'emprunte et que je lis des livres aux élèves provenant de la bibliothèque scolaire, j'annonce toujours la date de retour. Une attente et des emprunts motivés!

Vous enseignez aux tout-petits? Difficile, la gestion à la bibliothèque (recherche de livres pour chacun, emprunts des livres, etc.). **Demandez à des grands de sixième année de venir vous donner un coup de main à la bibliothèque** et, par la suite, de lire une histoire aux enfants!

Parfois, avant d'aller à la bibliothèque, **imposez un thème**. Tout le monde doit rapporter un livre comique, triste, une bande dessinée, le livre parfait pour un élève de 7 ans, etc. Cela diversifie le choix des élèves et peut facilement être réinvestie lors d'une activité en salle de classe.

Avez-vous un panier de livres disponible pour les élèves à la récréation ou un panier-lecture thématique qui change au gré des thèmes, des fêtes ou des saisons?

Créez un endroit dans votre bibliothèque (ou votre classe) où les élèves peuvent afficher et commenter leurs livres coups de cœur. Tout le monde peut profiter de ces suggestions lecture. Disposez certains livres et ajoutez-y un coupon « Ce livre est recommandé par (nom de l'élève) ».

Impliquez les élèves plus âgés dans l'organisation des activités entourant la bibliothèque. Un peu comme dans une maison des jeunes, faites-les participer aux activités, à l'animation, à la décoration, aux expositions, etc. Rendez cet endroit plus dynamique, responsabilisez-les.

Organisez des moments « découverte » où chaque enseignant trouve un livre à la bibliothèque et va le lire à un groupe d'élèves (qui n'est pas le sien). Amusez-vous à intégrer ce genre de moment-lecture à l'horaire.

Suggérez des livres en ligne! **Commencez à bâtir la bibliothèque virtuelle de votre classe**. Certains enfants sont friands de ce type de lecture.

Trucs pour favoriser la collaboration école-famille

Est-ce que vos élèves peuvent apporter de la lecture de la maison en salle de classe? En plus de bonifier l'environnement de nouveautés, vous valorisez les lectures qu'ils font à la maison.

> ***Mot d'enfant***
>
> **Mon fils en revenant de sa 1re journée d'école: « Maman, on peut lire 15 minutes tous les jours, CE QU'ON VEUT en classe! » #YeuxPétillants**

Pour l'anniversaire de vos élèves, pourquoi ne pas inviter papa ou maman à lire une histoire à la classe? Et s'ils sont trop occupés, **offrez-leur la possibilité de faire cette lecture par Skype ou Facetime**!

Créez des livres avec la collaboration de vos élèves (chaque élève crée une page, un passage) et **envoyez ces livres à la maison**. Les parents adorent voir ce que leurs enfants font à l'école. Voilà un beau moment de fierté lorsque l'enfant lit SON livre à son père ou sa mère. Ajoutez une fiche aux livres pour que les parents puissent les commenter.

Top Trucs pour ado

◆◆◆

Pas toujours facile, la lecture avec nos ados... Voici quelques trucs pour bonifier les moments-lecture.

Utilisez les nouvelles de l'actualité pour susciter des discussions. Vous pouvez découper un article de journal et le faire lire à tous avant le souper, par exemple. Quelle belle façon d'approfondir notre réflexion sur certains sujets (la pauvreté, les changements climatiques, les sports) !

Déposez des articles intéressants dans sa boîte à lunch ou sur son lit. Curieusement, votre ado voudra probablement lire l'article... Envoyez-lui des liens intéressants par internet via son courriel, Facebook ou Twitter.

Cognez à sa porte de chambre et demandez-lui si vous pouvez vous installer sur son lit pour lire. Sans parler, chacun à son livre, vous partagez quand même un moment lecture. #PartagerUnMoment

Procurez-vous le même livre que votre ado et lisez-le pendant la même période! Vous pourrez ainsi discuter du livre avec lui. Les bibliothèques ont souvent deux exemplaires du même roman.

Informez-vous auprès de ses amis quels sont les auteurs populaires et leurs lectures préférées. Les amis sont une source d'informations importante à cet âge.

❀

Mot d'ado

Ado : Maman, si je mets les sous-titres pendant le film, ça compte pour deux heures de lecture ?

Moi : Euh, non !

❀

❀

« Il n'y a vraiment que deux choses qui puissent faire changer un être humain : un grand amour ou la lecture d'un grand livre. »

Paul Desalmand

❀

Amusez-vous à afficher des citations sur sa porte de chambre. Par exemple : « La vie appartient à ceux et celles qui se lèvent tôt. » Certaines citations font réfléchir et transforment les pensées, alors pourquoi ne pas les utiliser et les faire commenter par votre ado.

Faites réfléchir votre ado sur la provenance des sources d'information. Est-ce une source fiable? Est-ce une rumeur? Comment départager ce qui est vrai ou faux sur le web? En plus de développer son jugement critique, vous lui permettez de raffiner sa recherche d'informations.

Demandez-lui: « Qu'en penses-tu? » Laissez-le vous expliquer sa vision des choses, écoutez-le et posez-lui des questions pour raffiner ses pensées. Ensuite, suggérez-lui des lectures sur certains sujets pour bonifier sa réflexion.

Truc ultime

◆◆◆

Le truc ultime...

Continuez à apprendre et à **vous tenir à jour** afin de faire une différence dans la vie de votre enfant.

Je vous invite à joindre ma communauté Twitter **@Pouvoirdelire** qui, en moins de 140 caractères, partage des informations, des trucs, des projets-lecture, des idées, des recherches et des ressources gratuites en ligne. Je rêve de créer la plus grande communauté qui s'intéresse à la lecture... Ferez-vous partie de celle-ci?

C'est avec passion et grande joie que je vous présente aussi mon site internet **www.Pouvoirdelire.com**! Un site qui outille les parents, les éducateurs, les enseignants dans cette grande aventure de l'éveil et de l'apprentissage de la lecture. Vous y trouverez des informations sur la lecture et les garçons, des bricolages littéraires, des suggestions de lecture, des vidéos inspirantes, mon blogue et bien plus. Une mine d'or d'informations à découvrir.

Vous aimeriez partager vos trucs lecture ou votre appréciation de ce livre? N'hésitez pas à communiquer avec moi : www.pouvoirdelire.com

Conclusion

Je voulais vous présenter mes trucs lecture qui ont agrémenté notre quotidien. Je n'ai pas fait tous ces trucs dans la même journée ou dans la même semaine. Mes enfants et moi aurions eu une indigestion ! Ce sont plutôt de petites actions qui se poursuivent au fil du temps. Une à la fois, à différents moments du quotidien et même de l'année (si on pense aux trucs plus thématiques).

Le plaisir est au centre de mon approche, la créativité est la porte d'entrée qui favorise les moments de rire et de surprise et finalement, je dirais que la constance est la clé de cette réussite. Nous parlons souvent de persévérance scolaire. Eh bien, il n'y a pas que les enfants qui doivent persévérer ! L'adulte qui les accompagne aussi. Lire une histoire à un enfant est un moment magique où tout se met en place. L'instant d'un moment, vous vous transformez en superhéros et vous utilisez vos supers pouvoirs ! Il y a aussi l'étape si importante de l'apprentissage de la lecture vers la première année, qui est exigeante pour l'enfant et le parent. J'espère vous avoir offert quelques pistes qui faciliteront cet apprentissage. J'ai voulu écrire le livre que j'aurais aimé lire pour m'outiller à aider mes enfants en lecture. Alors à vous de piger dans ma collection de trucs lecture et ainsi, égayer votre quotidien, un truc à la fois…

Il n'y a pas que les enfants qui doivent persévérer. L'adulte qui les accompagne aussi.

« Ça prend tout un village pour élever un enfant. » Proverbe sénégalais

Alors, parents, éducateurs, bibliothécaires et enseignants, nous sommes ce village pour nos enfants...

À propos de l'auteure

◆◆◆

Julie Provencher est consultante en éducation et conférencière. Avec plus de 200 conférences à son actif, elle travaille en collaboration avec les centres de la petite enfance, les bibliothèques, les écoles et les commissions scolaires. Ses dossiers principaux touchent l'évaluation, l'éveil et l'apprentissage de l'écrit. Elle a été enseignante au préscolaire et au primaire. Elle vient de terminer sa maîtrise à l'Université de Montréal et son projet de recherche s'intitule « L'impact de l'accompagnement parental sur le développement en lecture d'un enfant de 5 ans ». Sa passion : outiller les parents, les éducateurs et les enseignants quant à l'éveil et l'apprentissage de la lecture ! Vous pouvez consulter son site web : www.pouvoirdelire.com ou suivre sa communauté Twitter @Pouvoirdelire .

MARQUIS

Québec, Canada

MIXTE
Papier issu de
sources responsables
FSC® C103567

FSC
www.fsc.org